KEINE texte HEIMAT

pit boston

Idee, Design & Layout: P i T

Alle Texte sind frei erfunden

Impressum

Herstellung und Verlag:
BoD - Books on Demand, Norderstedt
ISBN 978-3-7481-7855-2

© 2019

Keine Heimat

Dies Land zerbricht im Nirgendwo
Im Drogenrausch zerfällt es schon
Es geht nicht weiter
Sowieso
Das Volk ist lahm
Es ist nicht froh
Geduld und Hoffnung scheint wie Hohn

Dies Land zerbricht ganz laut und leis
Demokratie gibt's lang nicht mehr
Man hilft manch' Fremden
Jedem Scheiß
Jedoch das Volk geht laut
Und leis
Dies Land scheint mir so hohl und leer

Man fährt so manch' Professor auf
Sehr gut geschmiert
Lügt er sich frei
Der Feinstaub-Tod – er scheißt darauf
Er hetzt, kassiert im Dauerlauf
Die Menschen sind dem einerlei

Versprochen ward dem Volk arg viel
Doch blieb von allem Lug und Trug
Für die da oben ist's ein Spiel
Nur Geld und Macht
Ihr wahres Ziel
Das Volk jedoch hat längst genug

Die Staatsfrau hält die Hand verschränkt
Sie sieht nichts mehr
Sie ist nur taub
Sie hat dies Land ins Nichts gelenkt
Sie hat das Volk längst fortgedrängt
Mit Korruption das Amt versaut

Paläste lässt sie bauen sich
Milliarden Steuergelder – fort
Für ihre Krönung sicherlich
Lässt sie ihr Volk eiskalt im Stich
Das Mittelalter kürt den Ort

Die Menschen wollen leben doch
In diesem Land
In dieser Welt
Doch klafft im Land ein tiefes Loch
Es ist geteilt
Es hält wohl noch
Jedoch regiert längst Hass und Geld

Manch' Dummheit wird durchs Dorf gehetzt
Der Dreck quillt hoch
Der Mob regiert
So manche Seele ward verletzt
Weil man da oben nur noch schwätzt
Schon bald das Land an Geist verliert

Dies Land vergeht
Das hört nicht auf
Es bricht und gärt
Und ächzt
Und stockt
Ich fliehe bald
Im Dauerlauf
Und Heimat
Pfui, ich pfeife drauf
Das Land ist tot
Das Glück verzockt

Ein einfaches Märchen

Paul ist -nur- ein Arbeitnehmer
Doch er macht die Arbeit gut
Paul aus Erfurt, kein Gewinner
Paul, ein Ossi, doch kein Spinner
In ihm brennt -noch- Arbeitswut

Doch er ist so um die „50"
Und er spürt, man will ihn nicht
Plötzlich fühlt er sich so winzig
Seine Zeit scheint nicht sehr günstig
Arg vibriert sein Lebenslicht

Und so kommt es wie er wusste
Ziemlich flott wirft man ihn raus
Schmerz spürt er in seiner Bruste
Er tat das, was jedem nutzte
Jetzt ist Schluss
Jetzt ist es aus

Seine Wut wächst unermesslich
Ossi, 50 – wirklich tot
Seine Seele, so verletzlich
Seine Zukunft – unerträglich
Und so sieht er nur noch rot

Wie dem Paul ergeht es vielen
Alter, Ossi – das geht nicht
Zwischen Hoffnung, Wünschen, Spielen
Wächst der Drang nach neuen Zielen
Wächst der Hass auf manch´ Gesicht

Und man trifft sich auf der Straße
Einfach schreien, was nicht geht
In den Städten wächst die Rage
Fort, nur fort mit aller Phrase
Weil das Glück vom Wind verweht

Ja, es sind schon ziemlich viele
Die am End' mit der Geduld
Wieder Hoffnung, Wünsche, Spiele
Wieder Jobs
Ganz neue Ziele
Wieder Leben – ohne Schuld

Und der Wind fegt über Wege
Paul ist tot – und lebt doch gut
Auch das Land scheint nicht mehr träge
Es bewegt sich – gerad und schräge
Schnell pulsiert manch' frisches Blut

Drogenstadt

Es war in einer großen Stadt
Manch´ Messe gabs schon lang nicht mehr
Da fanden heiße Partys statt
Am Rande jener großen Stadt
Nur Rotlicht dealte hin und her

Man sprach von einem Drogenclub
Der hielt die Stadt fest in der Hand
Ein gut erhitzter Drogentrupp
Der passte auf
Der machte Zuck
Der intrigierte unerkannt

Manch´ Gast in jener großen Stadt
Ward schnell beschimpft, bedroht recht faul
Denn wer dort was zu sagen hat
War nur der Club
Ganz nett
Apart
Den Gästen ward gestopft das Maul

Ein Punkt der Drogen-Hoch-Kultur
Mit Clubs, Vereinen, mancher Bar
Ein Syndikat mit hartem Schwur
Beherrschte jeden Sauna-Flur
Zog alles mit in die Gefahr

So ging sie ein, die große Stadt
Die Drogenpartys sind längst aus
Und jener Drogenclub ward matt
Weil kaum noch jemand richtig satt
Nur in den Straßen piepst manch´ Maus

Schwarze Welt

Schwarz erscheint mir diese Welt
Alles kurz vorm Untergang
Nichts, was sie zusammenhält
Ach, es zählt nur Macht und Geld
Alles wirkt so bleich und krank

Kriege drohen überall
Weil der Hass, die Wut zu stark
Warten auf den großen Knall
Warten auf den freien Fall
Warten auf den letzten Sarg

Wer noch lebt ist bald schon krank
Allerletzte Pandemie
Wo manch' Urtier einst versank
Liegt auch heut das Leben blank
Gibt es noch ein morgen früh

Doch die Menschen sind recht zäh
Geben sich so schnell nicht auf
Sterben nicht mit Ach und Weh
Liegen nicht im letzten Tee
Nehmen manchen Schlag in Kauf

Kämpfen sich aus allem Dreck
Bauen neu und sehr stabil
Wischen Nebelwände weg
Finden einen guten Zweck
Halten von der Welt noch viel

Dann verweht das Kriegsgeschrei
Und für Geld gibt's keinen Tod
Dann geht Hass und Wut vorbei
Alle Welt erschafft sich neu
Und der Mensch erwacht
Im Morgenrot

Annäherung

Man sagt, er brachte Menschen um
Ein Serienkiller, ziemlich fies
Man sagt, er sei sehr roh und dumm
Ich weiß – er brachte Kinder um
Sein ganzes Wesen – *total mies*

Ein Mann, so um die zwanzig Jahr
Nicht hässlich, dick, kein Supermann
Den Leuten ist wohl alles klar
Mir scheint so vieles sonderbar
Was dachte er so dann und wann

Zwei Jungen hat er umgebracht
Er hats gestanden
Sitzt jetzt ein
Er wird jetzt ziemlich schwer bewacht
Weil er sie eiskalt umgebracht
Im Knast will niemand "Mörder" sein

Ich melde mich beim Staatsanwalt
Denn ich will sprechen mal mit ihm
Er hat gemordet tief im Wald
An einem Tag, der bitterkalt
Sein Leben macht wohl kaum noch Sinn

Drei Tage später dann im Knast
Sitzt er mir gegenüber schon
Ich schau ihn an – er scheint so blass
Das Fenster wischt ein Regen nass
Er ist so jung
Wie manch´ ein Sohn

Sein Blick ist trüb
Er weicht mir aus
Will er nicht sprechen über „Das"
Da ist kein Teufel
Auch kein Graus
Doch ist er keine zahme Maus
Ich frage ihn: „Wieso, wie, was"

Durchs Fenstergitter flieht sein Blick
Kaum eine Regung spür ich, nichts
Vielleicht ist es auch nur ein Trick
Vielleicht ist ängstlich er ein Stück
In diesem Knast
Jenseits des Lichts

Zwei Wärter stehen vor der Tür
Die sind recht mächtig, stark und groß
Der Junge auf dem Stuhl vor mir
Scheint bleich und schwach
Kein wildes Tier
Die Hände zittern ihm im Schoß

Dann spricht er leis, so zaghaft, schwer
-Er hörte Stimmen laut in sich-
Ganz tief in ihm wards da so leer
Er sagt, er tut so was nie mehr
Doch tröstet das nicht ihn
Nicht mich

Ich denk, als er so mit mir spricht
An seine Opfer, die jetzt tot
Sie hatten Mütter sicherlich
Die leiden jetzt so fürchterlich
Er brachte so viel Leid
Und Not

Wie hält man's aus, frag ich mich nur
Wie kann man das ertragen, wie
Er sagt es nicht
Ist er zu stur
Ist da von Reue keine Spur
Schläft man des nachts als Mörder nie

Doch alles, was er sagt und meint
Verwischt, verschwimmt im Zimmer hier
Als er dann vor mir kniet und weint
Als er kein Mörder und kein Feind
Ist selbst er Opfer – *ohne Zier*

Die Zeit verrinnt, ist bald vorbei
Man führt ihn fort
Man faucht ihn an
Noch einmal schaut er – *einerlei*
Die Uhr zeigt nachmittags um 2
Er ist ein Junge doch
Kein Mann

Allein bleib ich im Raum zurück
Steh langsam auf und schau und schweig
An diesem Ort, so fern vom Glück
Begreif ich nichts
Kein einzig' Stück
Beinah tut er mir sogar leid

Wie seine Opfer – tot, vorbei
So starb er selbst – fort, wegradiert
Sein Leben sinnlos, aus, ein Schrei
Nie wieder Menschsein
Nie mehr frei
Nur noch ein Wesen, das erfriert

Die Leute rufen: „Tod dem Schwein"
„Wozu noch Knast für solchen Dreck"
Ich fühl mich ratlos – muss das sein
Doch wer vergibt
Macht man sich klein
Erfüllt die Todesstraf' den Zweck

Viel später schreib ich den Bericht
Und weiß nicht, wie ich´s schreiben kann
Der Regen wäscht das Fensterlicht
Als man im Radio plötzlich spricht:
Er hat erhängt sich
Irgendwann

Populisten-Song

Alle, die nach vorne denken
Alle, die sich selbst nichts schenken
Alle die, die noch was wollen
Alle, die nicht Augen rollen
Alle die sind großer Mist
Weil sie sind ein Populist

Und dann die, die immer schimpfen
Jene mit zerrissenen Strümpfen
All die Roten, Braunen, Gelben
All die Säufer und die Welken
Alle die sind Riesenmist
Weil sie sind ein Populist

Ach, dann gibt's noch Straßenschläger
Demonstranten auch
Manch´ Kläger
Und die Ewig-Gestern-Leute
Und die Arbeitslosen-Meute
Ja, ich ahn ganz ohne List
Dass die sind auch Populist

Die Nudisten, alle Schwulen
Jene, die im Nabel pulen
All die Nasenbohrer – Schlingel
Und das Stadtstreicher-Gewimmel
Die sind das, was jeder ist
Eben nur ein Populist

Alle, die von Kriegen wissen
Jene, die das Rheingold küssen
Und der Mörtel zwischen Ziegeln
Nord- und Südpol, jene Kühlen
Manche Aliens, Utopisten
Alles, alles Populisten

Und die Links-Rechts-Gerade-Träger
Und so manch′ ein Tennisschläger
Manche Landes-Chefin-Puppe
Und so manch′ korrupte Truppe
Selbst am Haus das Stahlgerüst
Längst mutiert zum Populist

Da, manch′ Flugzeug in den Wolken
Das bisher noch unbescholten
Und die Vögel in den Bäumen
Die wohl nur vom Fliegen träumen
Und im Apfel jene Made
Zählt zur Populisten – Garde

Tief im Supermarktregale
Auf dem Berg
Im tiefen Tale
Fern am Strand, im Ozeane
In manch′ Kirsche und Banane
Selbst manch′ Hexen, Exorzisten
Hilfe, alles Populisten

Im TV keift man behände
-Populisten legen Brände-
Und man hetzt manch′ Sau durchs Lande
Wer nicht mitschreit, wird zur Schande
Jeder, der ein Gott nicht ist
Wird sehr schnell zum Populist

Kriminelle, Asoziale
Sind im Land hier das Normale
Bist du dumm, korrupt, versaut
Man dir goldene Brücken baut
Bist jedoch du Optimist
Bist du „Rechts" und Populist

Selbst der Mars, manch' ferne Sterne
Sind längst Populisten – Schwärme
Und der Universum-Raum
Ward zum Populisten-Schaum
Stürme, Wolken, Wälder, Wetter
Alles Populisten-Kläffer

All der Wahn kennt kaum noch Grenzen
Denn auch Kinder, die gern schwänzen
Selbst Studierte, die noch denken
Autofahrer, die gut lenken
Jeder ist heut, was er ist
Nein, kein Mensch
Nur Populist

Ja, der Bandwurm im Gedärme
Ward ein Populisten-Scherge
Donner, Blitz und Hagelschlage
Eine Populisten-Plage
Wenn ein Käuzchen nachts dich grüßt
Ist es wohl ein Populist

Bienen, Schweine, Ochs und Ziege
Tragen Populisten-Züge
Auch die Fische und manch' Wal:
Pfui, 'ne Populisten-Qual
Selbst die Filzlaus, ohne Mist
Ist schon längst ein Populist

Milben, Käfer, Floh und Motte
Eine Populisten-Rotte
Und im Wald manch´ Beere, Pilz
Wohl nur Populisten-Filz
Selbst das Korn im Feld – ich wüsst
Logisch, klar, ist Populist

Man verdreht das ganze Leben
Meinung unterdrückt man eben
Was die Obrigkeit verkündet
Ist Gesetz und stets begründet
Wer hier denkt und Mensch noch ist
Tja, so ist´s, ward Populist

Wer die Wahrheit sagt im Lande
Wird zur Populisten-Bande
Und es stinkt und fault und gärt
Überall ganz unbeschwert
Heimat stirbt
Scheint lang schon tot
Freiheit scheint absurd in Not

Selbst die Luft, die alle atmen
Ward zum Populisten-Braten
Stürme, Blizzard, laue Brisen
Berge, Täler, grüne Wiesen
Auch die Sprache, alle Worte
Eine Populisten-Horde

Und so hetzt man immer weiter
Und so wird man nicht gescheiter
Und man will das Volk scharf spalten
Und man will die Angst verwalten
Und wer andrer Meinung ist
Richtig, der ist Populist

Längst wird's mir schon schwindelig, drehend
Seh die Flaggen nicht mehr wehend
Seh wie Populisten-Haufen
Kreuz und quer durchs Lande laufen
Nein, ich bin kein Optimist
Bin
O Schreck
Ein Populist

Die Wärterin

Im Spiegel sieht sie ihr Gesicht
Im Knast-Büro am Rand der Zeit
Es ist nicht hell
Gefängnislicht
Die anderen verstehn sie nicht
Die Freiheit nah
Und doch so weit

Gleich Einschluss und dann muss sie raus
Die Häftlingsfrauen wollen viel
Hier drin in diesem engen Haus
Sieht Vieles so viel anders aus
So manches dort ist ernst, nicht Spiel

All ihre Sorgen sind nicht da
All das verbirgt sie gut und schlecht
Hier drin im Knast scheint vieles klar
Für andere ist sie wohl Star
Sie ist es nicht
Sie ist nur echt

Sehr streng scheint sie – ihr Ton recht hart
Unmissverständlich, was sie will
Und draußen wird sie auch nicht zart
Ein Wechsel zwischen hart und smart
Und manchmal wird sie ziemlich still

Ist Haar – ganz kurz
Und auch schon grau
So viele Sorgen sieht sie oft
Vielleicht ist sie 'ne starke Frau
Man hört auf sie, sie ist genau
Bis an die Seel die Sehnsucht klopft

Und wenn sie weint, dann sieht man's nicht
Im Knast sind Tränen sehr verpönt
Gleich Einschluss, das verpasst sie nicht
Im seltsam müden Knast-Flur-Licht
So Vieles klar
Und nichts geschönt

Noch schaut sie in den Spiegel
Schweigt
Ist dieser Knast schon ihr Zuhaus'
Da ist nicht viel, was da noch bleibt
Ein klares Leben
Sie ist frei
Gleich Einschluss
Und sie muss jetzt raus

Der Trinker

Irgendwo in jener Stadt
Dort, wo keiner Namen hat
Lebte er wohl irgendwie
Reichtum hatte er noch nie
Lebte er so in den Tag

Eines Tages gegen 10
Blieben alle Uhren stehn
Ja, man warf ihn einfach raus
Job und Arbeit – *alles aus*
Plötzlich ward die Welt nicht schön

Einsam saß er nun im Dreck
Irgendwo im Straßeneck
Nur der Alkohol war da
In der kleinen Hafenbar
Soff er sich die Sorgen weg

Trank ab jetzt tagein tagaus
So sah jetzt sein Leben aus
Alles sollt im Kreis sich drehn
Er konnt selbst sich nicht verstehn
Alkohol – *sein bester Schmaus*

Und die Sucht hielt ihn ganz fest
Er versoff den letzten Rest
Immer öfter fiel er um
Aller Traum blieb tot und stumm
Weil die Sucht nichts leben lässt

Irgendwann im Krankenhaus
Kam er aus dem Suff mal raus
Für sechs Wochen trocken, clean
Für sechs Wochen wieder Sinn
Wieder Mensch und keine Maus

Ja, er schwor sich klipp und klar:
Nie mehr saufen, wie´s mal war!
Wieder Arbeit, Lebenssinn!
Doch der Wunsch schien schnell dahin
Und es nahte die Gefahr

Ach, er trank so viel, so viel
Ohne Halt und ohne Ziel
Bis sein Traum total zerbrach
Aus die Heimat, Haus und Dach
Und der Regen fiel und fiel

Irgendwann sah er ein Licht
Hörte, wie man zu ihm spricht:
Fürchte dich nicht, komm nur, komm
Ich bin hier und warte schon
Und er fürchtete sich nicht

Warf die Flasche weit von sich
Spürte Kraft im Angesicht
Lief und lief und war schon fort
Einsam blieb sein Heimat-Ort
Nein, die Sucht vergab ihm nicht

Irgendwo in jener Stadt
Dort, wo niemand Namen hat
Hat gelebt er irgendwann
Nein, er war kein reicher Mann
Und vom Baum fällt leis ein Blatt

Der Obdachlose

Die Sonne strahlt und wärmt die Stadt
Dort ist es, wo man alles hat
Doch hinterm Park, im Brückenschacht
Ist meistens Armut
Meistens Nacht

Er zieht seit vielen Jahren um
Er war mal was
Er ist nicht dumm
Der Alkohol wärmt Sorgen fort
Und Ängste auch
Und manches Wort

Im Wohnungsamt lehnt man ihn ab
Ein Säufer, der so gar nichts hat
Man will ihn nicht
Man schickt ihn fort
Und wieder zieht er durch den Ort

Die Straße ward zur Heimat ihm
Sein Leben aber: *ohne Sinn*
Einst wollt' er mal so hoch hinaus
Am Ende blieb das Hinterhaus

Seit Tagen streikt die Leber sehr
Die Freundin weint
Es ist so schwer
Er bricht zusammen irgendwo
Er kann nicht mehr
Das ist wohl so

Von seinen Träumen blieb nicht viel
Kein Platz zum Leben
Und kein Ziel
Im Winter fror er sich bald tot
Es wärmte ihn nur Schnaps
Sein Brot

Gestorben ist er irgendwann
Im Krankenhaus
Als armer Mann
Er hat gehofft, geweint, gelacht
In seinem Heim
Im Brückenschacht

Die Sonne scheint auf diese Stadt
Scheint warm und ruhig auf sein Grab
So einsam ist's am Brückenschacht
Der Wind ist kalt
In jeder Nacht

Das bisschen Leben

„*Was ist geschehen*", fragte sie
Man wusste nicht mal *wann und wie*
Das Kind lag tot im Garten dort
Der Tag war trüb
Ein schlimmer Ort

Die Mutter schwieg
Sie sagte nichts
Das bisschen Leben – fern des Lichts
Es war doch eine schöne Zeit
Ihr Kind und sie
Ein Glück zu zweit

So viel erlebten sie
So viel
Ihr Kind Zuhause und beim Spiel
Sie schaut' die Fotos lange an
Und weinte auch – so dann und wann

Erinnerungen sind so tief
Das bisschen Leben
Nichts ging schief
Doch traf ihr Kind des Teufels Sohn
Und alle Hoffnung ward zum Hohn

Was ist das Leben?
Was der Sinn?
Warum das Leben?
Wo geht's hin?
Hat Leben irgendeinen Zweck?
Ist es am End' vielleicht nur Dreck?

Sie schwieg
Sie wusst die Antwort nicht
Wohin sie ging
Man weiß es nicht
Ihr Kind, die Urne nahm sie mit
Vom Leben blieb ihr nicht ein Stück

So oft sucht man nach einem Ziel
Ist Leben ernst
Ist´s doch nur Spiel
Das bisschen Leben scheint nicht lang
Wohl weint man oft
So dann
Und wann

Kein Gott

Manche Nacht könnt´ ich erzürnen
Gibt es Gott, den großen Mann
Ja, ich wollt den Himmel stürmen
Ganz weit oben auf manch´ Türmen
Sag, wo lebt der Supermann

Doch bleibt stumm die Stimme Gottes
Nichts geschieht
Der Himmel schweigt
Nicht die Spur des großen Wortes
Nur die Nacht gähnt allen Ortes
Und mein Glaube ist sehr weit

In der letzten Fernsehsendung
Wieder Krieg
Und Tod und Hass
Wieder nur manch´ Geldverschwendung
Teufel, Rotlicht und Verblendung
Bist du reich, dann hast du Spaß

Ist all das des Gottes Wille
Will all das der große Herr
Mir bleibt nur die schwarze Stille
Keine Antwort, keine Fülle
Und mir ist´s ums Herze schwer

Hass und Krankheit, auch *Apartheit*
Slums und Armut
Alles bleibt
Wo ist Gott
Wo seine Klarheit
Wo bleibt Gott mit seiner Wahrheit
Passt ein Gott in diese Zeit

Der Terrorist

Er war ein ganz normaler Mann
In blauen Jeans und weißem Hemd
Gern sah er sich Museen an
Der ganz normale nette Mann
Ihm war's egal, ob man ihn kennt

Er hatte Arbeit, irgendwo
Mit seinem Geld kam er gut aus
Er war für alles, einfach so
War traurig manchmal, öfters froh
Er lebte in 'nem schönen Haus

Doch irgendwann schien alles trüb
Manch Langeweile schlich sich ein
Das, was ihm einstmals gut und lieb
Schien plötzlich schlecht, total verglüht
Er wollte richtig böse sein

So vieles sah er im TV
Manch Mörderclique fand er toll
Er war nicht dumm und auch nicht schlau
Doch, was er wollt, wusste er genau
Er hatte längst die Schnauze voll

Denn all der öde Biederkram
Mit Haus und Auto, Frau und Kind
Das alles kotzte ihn längst an
Nie mehr ein artig braver Mann
Er wollt dorthin, wo Kriege sind

So zog er fort aus seiner Stadt
Ins ferne Land, *zum Mörderclan*
Das Leben hatte er so satt
Er wollte stark sein und nicht matt
Und kam bald in der Ferne an

Dort freute man sich wirklich sehr
Ein neuer Kämpfer – *oh wie fein*
Er kam so arglos, stark daher
Ihm fiel der Wechsel gar nicht schwer
Aus seinem Herz doch ward ein Stein

Man gab ihm ein Gewehr sodann
Und Sprengstoff für den großen Knall
Er war einst ein normaler Mann
Der sah sich gern Museen an
Doch ändert sich´s so Fall auf Fall

Man schickte ihn flugs wieder fort
Zum Menschentöten für den Sieg
Er flog nach Haus, zum Heimatort
Mit reichlich Sprengstoff – *wie ein Sport*
Von dem am *End* nichts übrig blieb

In seiner Stadt, wo er mal froh
Sollt er nun morden voller Spaß
Er war für alles, einfach so
War er nun glücklich oder froh
War wirklich da nur Wut und Hass

Er setzte sich ins Kino dann
Die Leute kamen, lachten laut
Er war doch ein normaler Mann
Er sollte töten, jetzt, nicht dann
Er spürte seine Gänsehaut

Und er zog schnell am Sprengstoff-Gurt
Gleich kracht es laut mit Feuerball
Doch schien wohl irgendwas verzurrt
Ein Blitz zerriss den Todes-Gurt
Und traf ihn selbst mit vollem Drall

Er sackte weg
Der Tod kam schnell
Die Menschen rannten ängstlich raus
Im Kino ward es wieder hell
Sein Ende kam wohl ziemlich schnell
Sieht so ein Heldensterben aus

Er war ein ganz normaler Mann
In blauen Jeans
Mit weißem Hemd
Er wollte stark sein, *irgendwann*
Er sollte töten, jetzt, nicht dann
Er schaffte, dass ihn jeder kennt

Todesurteil „Kassenpatient"

Bist du mal im Krankenhaus
sieht's nicht immer rosig aus
Als Privatpatient scheint klar:
Überall bist du ein Star

Doch als Kassenpatient, ach,
bleibst du arm und dumm und schwach
Rechte hast du dann nicht mehr
Und man hilft dir nimmermehr

Mancher Arzt, manch Personal
sagt dir frech: Du bist 'ne Qual
Zahlst du bar, wirst du zum King
Bist dort schnell der Hauptgewinn

Bist ein Kassenpatient du
Lässt man dich nicht mehr in Ruh
Dann beschimpft, bedroht man dich
Wettert von dir fürchterlich

Freundlichkeit und auch Respekt
Bist du „Kasse"
Bist du Dreck
Fies man schubst dich hin- und her
Kassen-Wohl
Das gibt's nicht mehr

Neulich in der Psychiatrie
Nein, das glaubt man wirklich nie
Daten wurden dort geklaut
Schnell verbreitet – unverdaut

Lehnt sich der Patient dann auf
Gibt man ihm schnell eine drauf
Hält er seine Klappe nicht
Spritzt man ihm gleich aus das Licht

Doch welch Freud, bist du „privat",
geht auch dort die Party ab
Man bedient dich wie ein Fürst
Bis du schnell genesen wirst

Tja, was sagt man dazu noch
Medizin – ein schwarzes Loch
Hat ein Kassenpatient Not,
ist er dann schon balde tot

Familiendrama

Sie lebte gut am Waldesrand
Mit Kindern, Gartenteich und Job
Ein schönes Haus dort, auf dem Land
Jetzt ist sie tot
Was für ein Schock

Man fand sie hinterm Haus
Im Teich
Das Wasser war vom Blut so rot
Sie war erfolgreich
Doch nicht reich
Man schoss sie nieder
In den Tod

Vom Mann war sie schon lang getrennt
Die beiden Kinder noch sehr klein
Den Nachbarn war sie niemals fremd
Sie war sehr nett
Trank manchmal Wein

Doch eines Tages in der Nacht
War da ein Fremder
Wars ein Freund
Hat Zutritt sich zum Haus verschafft
Ein Schuss, kein Schrei
Und ausgeträumt

Man fragte alle Nachbarn aus
Doch keiner hat den Mord vollbracht
Jetzt steht es leer, das kleine Haus
Und dunkel wird's dort in der Nacht

Da fand die Waffe man im See
Daran ein winzig kleines Schild
Als fiel der erste Winterschnee
Hat sich der letzte Fluch erfüllt

Die Schusswaffe war registriert
Auf einen Mann
Den Ehemann
Wohl hat er alle angeschmiert
Er kam und hasste
Schoss sodann

Man nahm ihn fest
Und er gestand
Er wollt die Kinder ganz für sich
Als er die Kleinen nirgends fand
Hat er geschossen
Fürchterlich

Sie war an einem falschen Tag
Am falschen Ort
Zur falschen Stund
Ihr Mann wollt alles, ohne Frag
Er war nicht krank
Und nicht gesund

Er weinte, als er das gestand
Die Kinder kamen schnell ins Heim
Ab jenem Tag, als man sie fand
Sollts niemals mehr wie früher sein

Nur eine Meldung im TV
Ein Drama irgendwo im Land
Sie war ´ne Mutter
Eine Frau
Ein Schicksal nur
Am Waldesrand

Ende

Er ging den weiten Weg hinaus
Es war ein neblig – trüber Tag
Der Morgen sah wie jeder aus
Da ging er fort von seinem Haus
Sein Blick, so starr und ohne Frag

Ein Regenschauer zog ins Land
Hier draußen, wo sonst keiner lebt
Er hat die Fotos längst verbrannt
Nur Einsamkeit lag überm Land
Für seinen Traum war's längst zu spät

Sein Leben ließ er weit zurück,
in diesem Haus, am stillen Wald
Er suchte nicht mehr nach dem Glück
Und ließ die Hoffnung weit zurück
Und war erst fünfzig Jahre alt

Vor vierzehn Tagen war's genau,
als er hier seinen Sohn verlor
Und wenig später starb die Frau
Es war wohl hier – *ja, ja, genau*
Als seine Seele starb, erfror

Bis dahin schien das Leben gut
Karriere, Geld, ein Haus, ein Boot
Doch irgendwann verlosch die Glut
Mit der Familie liefs nicht gut
Und plötzlich waren alle tot

Er setzte sich auf einen Stein,
hier draußen, auf dem weiten Feld
Warum nur musste das so sein
Am Schluss ein Kilometerstein
Am Ende hilft nicht Gut, nicht Geld

Noch einmal raffte er sich auf
Noch zwei, drei Schritt – *irgendwohin*
Was für ein allerletzter Lauf!
Warum rafft man sich immer auf
Und wo liegt aller Lebenssinn

Es wurde Nacht und er blieb stehn
Ein Blitzschlag nahm ihn mit sich fort
Er konnte nicht mehr weiter gehn
Er blieb nur einfach wortlos stehn
An diesem trüben schlimmen Ort

Geblieben ist ein Häuflein Staub,
das trieb in die Unendlichkeit
Ein Blitzschlag traf
Es war nicht laut
Von manchem Leben bleibt nur Staub
in einer schwarzen Dunkelheit

Sein Haus ist fort, es steht nicht mehr
Man riss es ab vor kurzer Zeit
Und nur die Steine wiegen schwer
Sein Haus, sein Leben gibt's nicht mehr
Was ist's, dass nach uns übrigbleibt

Eine Weihnachtsgeschichte

Ein Weihnachtsabend gegen 3
Das junge Paar sitzt unterm Baum
Ein kleines Kind ist auch dabei
Es ist an Weihnacht gegen 3
Was für ein schöner Weihnachtstraum

Gleich gibt's Geschenke reichlich, satt
Das Kind, gespannt, ist voll von Glück
Der Weihnachtsmann kommt in die Stadt
Und bringt Geschenke, reichlich, satt
Und Papa kennt den Weihnachtstrick

Er geht hinaus und lächelt leis
Und sagt noch schnell: *„Gleich ist's soweit"*
Die Spannung steigt, dem Kind wird's heiß
Der Papa lächelt nur ganz leis
Und so vergeht die Stund, die Zeit

Die Mutter nimmt das Kind zu sich
Und streichelt sacht ihm übers Haar
„Wo bleibt der Papa", fragt sie sich
Und nimmt das Kind ganz sacht zu sich
Der Weihnachtsmann ist noch nicht da

Der Abend geht, längst schläft das Kind
Es hat nach Papa kurz gefragt
Vorm Hause streicht ein eisig' Wind
Die Mutter bracht ins Bett das Kind
Und hofft am Fenster voller Klag

Wo bleibt der Papa, wo der Mann
Warum in dieser Weihnachtsnacht
Lang schaut im Spiegel sie sich an
Wo bleibt nur unser Weihnachtsmann
Hat der sich aus dem Staub gemacht

Am nächsten Morgen klingelts früh
Zwei Polizisten stehn vorm Haus
Sie stelln sich vor und fragen sie
Für manche Nachricht ist's zu früh
So sieht kein Weihnachtsmorgen aus

Man fand den Wagen irgendwo,
Zerschellt an einer Häuserwand
Da war das Glatteis, einfach so,
In einer Straße, irgendwo
Den Toten man erst morgens fand

Die Polizisten gehen schnell
Nach Haus, wo Weihnachtsmusik singt
An jenem Morgen wird's nicht hell
Und mancher Tod kommt eben schnell
Manch' Papa nie Geschenke bringt

Das Kind erwacht so gegen 10
Und fragt nach seinem Papa bald
Die Mutter bleibt im Zimmer stehn
Es ist an Weihnacht, früh um 10
Und in der Wohnung ist's so kalt

Sie nimmt das Kind in ihren Arm
Und drückt es fest ans Mutterherz
„Wolln wir zum Weihnachtsmann jetzt fahrn"
Sie hält das Kind ganz fest im Arm
Und schluckt hinunter ihren Schmerz

Und alle Fragen bleiben fort
Es gibt auch keine Fragen mehr
Wo gestern noch ein schöner Ort,
Bleibt aller Weihnachtszauber fort
Der Weihnachtsmann kommt nimmer mehr

Sie steigt ins Auto mit dem Kind
„Komm lass nach Papa uns jetzt schaun"
Es weht nur eisig kalt ein Wind
Sie fährt davon mit ihrem Kind
Auch draußen steht manch' Weihnachtsbaum

Man sieht sie rasen übers Land
Es fällt der Schnee so weiß und dicht
Sie nimmt das Kind fest an die Hand
Es ist doch Weihnachten im Land
Die nächste Kurve sieht sie nicht

Dann ward es still – *kein Schnee, kein Wind*
Nur einsam steht ein Weihnachtsbaum
Sie stieg ins Auto mit dem Kind
Und wollt zum Weihnachtsmann geschwind
Nur einmal noch den Weihnachtstraum

Und irgendwo zur Weihnachtszeit,
Da wartet manches Kind verzückt
Auf Papa mit dem Weihnachtskleid
Am Himmel hoch zur Weihnachtszeit
Da sind drei Sterne voll von Glück

Eine Frau

Wiedermal den Weg zum Amte
Stolpert sie so gegen 6
Noch ist sie die *Unbekannte*
Stolpert schnell den Weg zum Amte
Das liegt vor ihr links
Dann rechts

Brötchen, Kaffee, diesen lauen
Ein Gespräch kurz auf dem Gang
In die Unterlagen schauen
Wie viel werden sich heut trauen
Und die Zeit scheint ewig lang

Auf dem Stuhl, dem harten, kalten
Nimmt sie Platz, schaut hin und her
Menschen muss sie hier verwalten
Jenen Tag mit Sinn gestalten
Und manch Schicksal wiegt so schwer

Schon kommt rein der erste Kunde
Der sucht Arbeit
Oder nicht
Ziellos starrt er in die Runde
In der Seel klafft ihm ´ne Wunde
Angst sitzt tief ihm im Gesicht

Wut und Hoffnung muss sie kennen
Manchmal Härte auch
Und Mut
Nein, es bleibt kaum Zeit zum Flennen
Manchmal nachts ist Zeit zum Pennen
Oftmals glüht noch *Arbeitswut*

Ja, sie weiß, man liebt sie selten
An dem Ort, wo gar nichts gleich
Jenes Amt der tausend Welten
Wo manch´ Regeln kaum noch gelten
Hier wird niemand wirklich reich

Wenn die Kunden dann gegangen
Ordnet sie den Aktenberg
Hier, wo manches unverstanden
Wo sich niemals Menschen fanden
Schaut sie plötzlich recht verklärt

Packt die Tasche und hält inne
Ob sich das mal ändern wird
An der Decke eine Spinne
Leis tropft Regen aus der Rinne
Alles scheint total verkehrt

Sollt sie wirklich einsam bleiben
Haus und Auto
All dies Zeug
Kommen auch mal bessre Zeiten
Ohne Klar- und Ebenheiten
Ohne künstlich-glatter Freud

Doch dann wischt sie sich die Augen
Aus der Haut kommt sie nicht raus
Dieser Traum vom Meer, dem blauen
Schon versunken
Kaum zu glauben
Schnell trinkt sie den Kaffee aus

Stumm nimmt sie vom Eisenhaken
Ihren Mantel
Ihren Schal
Zwischen Mondlicht, Mücken, Schnaken
Wird sie durch den Regen waten
Morgen früh
Und wiedermal

Glogau-Lied *[Heimatlied]*

Breite Straßen, gutes Leben
Läden voller Frucht und Glück
Große Zeit und Gottes Segen
Du mein Glogau, du mein Leben
Bist wohl Schlesiens bestes Stück

An der Oder ewig liegen,
durch den Rosengarten ziehn
Weihnachtsbaum, die schönsten Blüten
Glogau, du mein Garten Eden
Ach, hier ist's so wunderschön

Doch so sollt es nie mehr werden,
denn der Krieg nahm alles fort
Glück und Garten fielen in Scherben
Gott, warum nur dies Verderben
Glogau ward zum schlimmen Ort

Richtung Westen wir dann zogen,
aus der Heimat, die so fern
Mussten weg, sind ausgeflogen
Hoch der Oder Schicksalswogen
Nein, wir flohen gar nicht gern

Frierend, mit dem Leiterwagen,
ging's nun über Stock und Stein
Hungernd, ohne Hemd und Kragen,
schwiegen wir, ganz ohne Klagen
Wollten endlich wieder heim

Auf dem Weg und in den Gräben,
tief im Wald, da lagen sie:
Ostarbeiter Nein, kein Segen
Ließen die uns wohl am Leben
Angst und Schmerzen – nachts und früh

Irgendwann gab's ein Schluck Wasser
Und die Sonne brannte heiß
Mein Gesicht ward blass und blasser
Mutter sparte ein Schluck Wasser
Weiter ging die blutge Reis

Wie die Front schon näher rückte,
kamen wir ins fremde Land
Stählern mancher Alb da drückte
Todesgleich sich Glogau bückte
unterm Bomben-Feuerbrand

Nichts ward uns da noch geblieben,
tief nur die Erinnerung
Hat sich schwer ins Herz geschrieben,
sich ins Hirn, ins Mark getrieben
Wir sind alt nun, nicht mehr jung

Garnisonsstadt unter Bäumen
Glogau, einst so stolz und schön
Voller Frohsinn, reich an Träumen
Dort am Fluss, den Straßensäumen
Wollt so gern dich wiedersehn

Doch die Straßen liegen einsam
Meine Heimat gibt's nicht mehr
Ja, wir flohen einst gemeinsam
Jene Heimat, fern und einsam
Und die Hoffnung wiegt so schwer

Ach, es weint mir Herz und Seele
Glogau fließt durch Kopf und Blut
Wenn ich dann die Tage zähle,
ich mich durch mein Leben quäle,
brodelt Schwermut und auch Wut

Dieser Krieg bracht so viel Wunden,
nahm die Heimat mir und dir
Ach, wir weinen Stund um Stunden
Haben Neues zwar gefunden,
doch die Heimat niemals mehr

Hör noch immer die Sirenen,
die uns trieben aus der Stadt
Soviel Trauer, soviel Tränen,
will dafür mich niemals schämen,
weil ich so viel Sehnsucht hab

Neue Menschen können's richten
Glogau lebt noch, ist nicht tot
Dass die Dichter wieder dichten
Lasst die Alten euch berichten,
wie der Heimat Morgenrot

Heute fahrn wir Richtung Osten,
in die Heimat, Glogau, ach
Schon vorbei am Grenzen-Posten,
geht's noch einmal Richtung Osten,
hin zum heimatlichen Dach

Doch die Häuser aller Kindheit
sind längst fort, sind ausgebrannt
Traurig noch und reich an Blindheit
such ich nach der fernen Kindheit
Nach dem schönen Schlesienland

Glogau aber fand ich nimmer,
nur die Oder fließt dahin
Ab und an warnt leis ein Trümmer
Ferner Rosengarten-Schimmer
Fern die Heimat
Fern der Sinn

Träum vom heimatlichen Lachen
Träum von dem, was nicht mehr da
Streichle Bäume, alte Sachen
In der Heimat blieb mein Lachen
In der Welt, so, wie sie war

Leise zieht ein Wind von Osten
Kündet von der Heimat mir
Zwar sind fort die letzten Posten
Und die alten Panzer rosten
Doch der Krieg ist noch all hier

Sagt es drum den Kindeskindern:
Niemals wieder Hass und Krieg
Wieder Weihnacht in den Wintern
Heimat schlägt in Herz und Kindern
Glogau bleibt mir ewig lieb

For Mom

Späte Heimkehr

Es steht ein Haus am Waldesrande
Und es fällt Schnee so weiß und sacht
Gar friedlich liegt dies deutsche Lande
Gar friedlich ist der Tag, die Nacht

Ihr Name ist Frau Martha Krause
Ihr Mann, der Kurt, zog in den Krieg
Nie kam er von der Front nach Hause
Und Martha hofft lang auf den Sieg

So viele Jahre sind vergangen
Der Krieg, das Sterben – alles aus
Sie hat mit Kurt sich gut verstanden
Vor vielen Jahr'n in diesem Haus

Sie steht am Fenster, schaut zum Walde
Ob Kurt den Weg zum Haus noch find'
Er wird wohl kommen, ziemlich balde
Und in den Bäumen spielt der Wind

Der Schnee türmt auf sich um das Häuschen
Und Martha wird es ziemlich flau
Vorm Ofen piepst ein kleines Mäuschen
Und draußen wird es kalt und grau

Da stapft durchs wüste Schneegestöber
Ein junger Mann bis vor das Haus
In Uniform und Stiefelleder
Schaut er wie ein Soldat wohl aus

Er starrt zum Fenster und zu Martha
Die schiebt leis die Gardine fort
Sie hat wohl Tränen unterm Haar da
Und beide sprechen nicht ein Wort

Sie nimmt die Feldpostbriefe an sich
Die von der Front ihr Kurt einst schrieb
Und fühlt sich leicht und gar nicht grantig
Und hat den Kurt noch immer lieb

Sie geht hinaus zu jenem Manne
Der küsst sie sacht auf ihre Stirn
Der Schneesturm tobt durchs deutsche Lande
Und kann doch gar nichts mehr zerstörn

Die beiden stapfen bis zum Walde
Und Schnee hüllt sie wien Schleier ein
Kurt war gekommen, ziemlich balde
Und beide wollen endlich heim

Es wacht ein Haus am Waldesrande
Und es fällt Schnee so weich und sacht
Und friedlich ists im deutschen Lande
Und Martha hat sich aufgemacht

Die Herde

Und die Herde, die zieht weiter
Starker Sturm verweht die Spur
Dieser Winter ist nicht heiter
Und die Herde zieht schon weiter
Schreie halln durch Wald und Flur

Manches Kälbchen friert, ist müde
Bleibt vielleicht schon bald zurück
Es ist kalt und es ist trübe
Doch die Herde wird nicht müde
Kämpft voran sich Stück um Stück

Wölfe harren da am Rande
Haben Hunger immerfort
Doch der Herde wird's nicht bange
Sieht die Wölfe da am Rande
Und zieht immer weiter fort

Doch der Sturm wird immer stärker
Schon bleibt manches Kalb zurück
Auch die Wölfe machen Ärger
Und der Schneesturm wird noch stärker
Bis zum See ists noch ein Stück

Nein, die Wölfe wolln nicht jagen
Nehmen schwache Kälbchen sich
Es ist hart in diesen Tagen
Sehr viel Kraft fehlt da zum Jagen
Winterzeit ist fürchterlich

Doch die Herde zieht schon weiter
Nichts hält sie an einem Ort
Ausgemergelt ihre Leiber
Und die Tiere ziehen weiter
Und sind längst schon wieder fort

Durch den Sturm und durch die Lande
Führt ihr Weg von See zu See
Mancher Wolf wacht da am Rande
Tod, Verderben auch im Sande
Und manch Spur verwischt im Schnee

Am Straßenrand

Ein dunkles Kreuz am Straßenrand
Ich fahr vorbei, es regnet leicht
Die Dämmerung zieht übers Land
Ein mahnend' Kreuz am Straßenrand
Der Weg ist schmal
Und ziemlich seicht

Ich halte an und steige aus
Kein Mensch, kein Auto fährt vorbei
Vorm Kreuze wacht 'ne Stofftiermaus
Ansonsten sieht's recht einsam aus
Ein Wind weht welkes Laub herbei

Ich lese jene Worte dort
Man ritzte sie ins Holze ein
Was für ein schicksalhafter Ort
Der Regen wischt manch' Träne fort
Wer mochte wohl der Junge sein

Er war so achtzehn Jahre jung
Er hatte sicher manchen Traum
In jener Kurve mit viel Schwung
Blieb er nur achtzehn Jahre jung
Blieb er zurück am Straßensaum

Ich streiche übers Kreuz ganz sacht
Es ist vom Regen nass und rau
Die Uhr zeigt abends gegen 8
Sehr lange hab ich nachgedacht
Aus seinem Tod werd ich nicht schlau

Als ich zurück zum Auto geh,
Glaub ich, es winkt mir jemand zu
Noch einmal ich zum Kreuze seh
Und wieder tut's im Herzen weh
Und überall ist's trüb, ist Ruh

Ein kleines Kreuz am Straßenrand
Ich fahr davon
Es regnet stark
Ich hab den Jungen nicht gekannt
Nur blieb sein Kreuz am Straßenrand
Ich hatte eine gute Fahrt

Letzte Reise

Es war so im Oktober
Der Regen wusch manch´ Zeit
Da hat sie sich erinnert
An jenen jungen Mann
Der einst dies Land befreit
Der Regen wusch die Zeit
Und er ging fort sodann

Sie war schon um die Achtzig
Sanft spürte sie etwas
Es waren viele Jahre
Sie hatte weiße Haare
Da war noch irgendwas
Gesichter tränennass
Der Wind blies leis, der klare

Da packte sie die Koffer
Sankt Petersburg ein Ziel
Von dort gings mit dem Bus
Weit fort zum Weltenschluss
Es war wohl gar nicht viel
Für sie kein leichtes Spiel
Im dichten Regenguss

Es gingen viele Jahre
Der Regen wäscht die Zeit
Da hat sie sich erinnert
An jenen jungen Mann
Ach, Russland ist so weit
So schnell vergeht die Zeit
Und sie ging fort sodann

Gedanke

Einst großer Traum
Einst die Vision
Für jeden Menschen dieser Welt
Doch längst dahin
Mit wenig Sinn
Ein Menschrecht heut nicht mehr zählt

Das Geld regiert des Menschen Geist
Und Armut kriecht durch diese Welt
Regime knechten
Fern von Rechten
Ein Menschenrecht heut nicht mehr zählt

Gespaltenes Volk
Kaum Lachen noch
Der Traum vom Glück im Nichts zerschellt
Manch´ Kriege auch
Manch´ Hungerbauch
Ein Menschenrecht heut nicht mehr zählt

Billionen in den Sand gesetzt
Doch blieb den Dieben alles Geld
Und zwischen Scherben Kinder sterben
Ein Menschenrecht heut nicht mehr zählt

Wer hört noch zu fem Friedenslied
Wer glaubt noch an die bessre Welt
Wann stirbt die Erde
Die Beschwerde
Ein Menschenrecht heut nicht mehr zählt

Ich schau mich um zum Horizont
Kein Gott, der zu uns Menschen hält
Im All so klein
Der Erdenschein
Wo manches Recht wohl ewig zählt

Fremder Junge

Es zogen die Menschen aus dem so fremden Lande
Hinaus in die Fremde, zu dem sehr langen Strande
Sie wollten nur ganz einfach weg von Zuhause
Sie gaben sich selbst, der Familie nie Pause
Und zogen und liefen flugs zum Weltenrande

Es waren so viele, die nimmermehr blieben
Ach, so viele Seelen, die himmelwärts schrien
Es waren Familien, die in Armut und Kriege
zu suchen begannen nach Glück, Geld und Liebe
Man hätte sie sonst wohl zu Tode getrieben

Ja, auch jenes Kind, dieser schwarzhaarige Junge,
zog fort mit den Eltern, mit pfeifender Lunge
Zum Strand aller Märchen, zur Küste der Wunder
Zum riesigen Meer, mit manch Fisch
und manch Flunder
Er schaute so lieb, hatte Augen, so runde

Man sagte, da hinter dem brausenden Wasser
verbirgt sich das Gute, ward die Welt nie mehr blasser
Dort ist ewiger Reichtum, sind nett alle Leute
Dort gibt es kein Elend, keine hungrige Meute
Dort gibt's keinen Krieg, keine ewigen Hasser

Der Sturm war so stark – am Meer, an der Küste
Fern lag ihre Heimat, diese schreckliche Wüste
Verträumt schaut´ der Junge hinaus in die Ferne
Es sah dort am Himmel all die funkelnden Sterne
Und er sah auch den Mond, der gelächelt und grüßte

Und dann
auf der schlingernden Schlauchboot-Schaluppe,
da gab's nichts zu essen, nicht mal eine Suppe
Dreihundert gefangen im Seelenverkäufer
Gehofft und gebetet zu Gott und manch Täufer
Doch war da nicht einer, der klagte und murrte

Ganz plötzlich dort draußen im tosenden Meere,
da schlugen die Wogen mal hoch und mal quere
Das Boot sank so schnell in die dunkelsten Tiefen
Es war Mitternachte, ach, wo alle schliefen
Darüber hin klatschte das Wasser mit Schwere

Von all diesen Menschen, dem Jungen, dem kleinen,
blieb nichts als nur Tränen, ich kann nur noch weinen
So viele geblieben im schäumenden Meere
Es schlugen nur hoch all die Wasser, voll Schwere
Am Meeresgrund war's reich an Stille und Steinen

Gestorben die Hoffnung, die Sehnsucht nach Frieden
Die Freiheit der Leute – im Sturm fortgetrieben
Dem Tod nicht entkommen, Familien und Kinder
Warum so viel Kälte? Warum so viel Winter?
Die Menschlichkeit längst auf der Strecke geblieben?

Es gehen die Stunden, es ziehen die Tage
Es fliehen die Menschen – mir bleibt nur die Frage:
Was wird, wenn auch ich aus der Heimat mal fliehe?
Wird dann jemand sein,
der mich aufnimmt mit Liebe?
Bleibt übrig nur Trauer, nur Tränen und Klage?

Doch sah jener Junge die funkelnden Sterne
Er flog hoch ins All, bis hinauf in die Ferne
Ich hör ihn noch singen, den schwarzhaarigen Jungen
Er hat von der Liebe im Traumland gesungen
Ich denk oft an ihn, hab ihn wirklich sehr gerne